Smaken van
de Oriënt

koken met plezier

REBO
PRODUCTIONS

Deze serie bestaat uit de volgende delen:

Aardappelgerechten
Basis kookboek
Betaalbare maaltijden
Geweldige soepen
Gezellig, barbecue
Gezond en slank
Gezond koken
Gezonde groenten
Hartige taarten & gebak
Koekjes en cakes
Koken met kids
Lekker, chili
Lekker, chocola
Lekker, garnalen
Lekker, knoflook
Lekker, pasta
Lekker, stomen
Lekker, toetjes
Mediterraan koken
Muffins, brownies en ander gebak
Olijfolie
Roerbakgerechten
Slow cooking
Smaken van de Oriënt
Snelle gezinsmaaltijden
Stoofschotels
Sushi en sashimi
Varieer met kip
Vis en zeevruchten
Vlees en gevogelte
Vlug en vers

www.rebo-publishers.com, info@rebo-publishers.com
Ontwerp en lay-out: www.minkowsky.com
Vertaling: TextCase Boekproducties, Groningen
Originele recepten en foto's: R&R Publishing Pty. Ltd, Australië

ISBN 978-90-366-1772-7
2e druk 2007

Inhoud

Voor **4 personen**

Voorbereiding 25 min.
Bereiding 30 min.

Calorieën 511
Vet 8 g

Kokossoep
met zalm en rijstmie

Ingrediënten

12 stengels citroengras
2 knoflookteentjes, fijngesneden
1 grote ui, gesneden
1 tl koenjit of kurkuma
1 tl cayennepeper
1 tl plantaardige olie
2 kopjes kokosmelk
1 kop vis- of kippenbouillon
225 g zalm,
gesneden in blokjes van 2½ cm
zout
115 g rijstmie
220 g verse taugé
verse koriander voor garnering
1 limoen, in vieren gesneden

Bereiding

Haal de buitenste laag van het citroengras en snijd het onderste witte gedeelte fijn, gooi de harde stukken weg. Doe het citroengras, de knoflook, ui, koenjit en cayennepeper in een blender en blend alles tot een dikke pasta. Of vermaal alle ingrediënten in een vijzel met een stamper.
Verhit de olie in een grote braadpan met een dikke bodem. Bak de pasta 5 minuten tot de geur vrijkomt, terwijl u onderwijl regelmatig roert. Doe de kokosmelk en de bouillon erbij en meng door elkaar. Breng al roerend aan de kook, draai dan het vuur laag, doe een deksel op de pan en laat 15 minuten sudderen. Voeg de zalm toe en zout naar smaak, laat dan 5 minuten zachtjes sudderen met het deksel op de pan of tot de zalm gaar is.
Bereid ondertussen de mie volgens de instructies op het pak. Giet de mie af en spoel af met koud water. Doe de taugé in een steelpannetje met kokend water, laat 1 minuut koken en giet af. Verdeel de mie en taugé over soepkommen en schep de zalm en kokossoep erbij. Garneer met koriander en serveer met de limoen.

Voor **4 personen**
Voorbereiding 20 min.

Calorieēn 225
Vet 4 g

Salade van avocado, mango en papaja

Ingrediënten
2 rijpe avocado's
1 papaja
sap van ½ limoen
55 g gemengde salade
verse koriander ter garnering

Dressing
1 rijpe mango
1 tl rijstwijnazijn of
1 tl witte wijnazijn
sap van 1 limoen
½ tl sesamolie
1 cm verse gemberwortel, fijngesneden
½ tl heldere honing

Bereiding
Om te dressing te maken: schil de mango, snijd het vlees van de pit, snijd de mango dan in grove stukken. Doe de mango, azijn, het limoensap, de olie, gember en honing in een blender en vermaal alles tot een dunne puree. Of prak de mango en meng die met de andere ingrediënten.
Halveer en schil de avocado's, haal de pit eruit en snijd ze in dunne plakjes. Doe er het limoensap bij om te voorkomen dat ze verkleuren.
Halveer de papaja en schep de zaden eruit. Schil en snijd in dunne plakjes. Arrangeer de avocado, papaja en de salade op een schaal. Schenk de dressing erover en garneer met de koriander.

Voor **4 personen**
Voorbereiding 20 min.
Bereiding 16 min.

Calorieën 250
Vet 3 g

Thaise viskoekjes
met pindasaus

Ingrediënten
340 g kabeljauwfilets zonder vel
1 el Thaise rode kerriepasta
1 el Thaise visolie
2 tl maïzena
1 middelgroot ei, losgeklopt
1 lente-ui, fijngesneden
55 g haricots verts,
gesneden in stukjes van 5 mm
arachideolie om te frituren

Dipsaus
1 el suiker
sap van limoen
1 knoflookteentje, fijngesneden
1 cm verse gemberwortel,
fijngesneden
1 el geroosterde zoute pinda's,
grof gemalen
1 kleine rode peper,
zonder zaadjes, fijngesneden
2 el lichte sojasaus

Bereiding
Vermaal de kabeljauwfilets in een blender of met een vijzel en stamper. Voeg de kerriepasta toe, de visolie, maïzena en het ei. Blend nog even of roer alles goed door elkaar.
Doe het vismengsel in een schaal en roer de lente-ui en haricots verts erdoor. Vet uw handen in met wat olie (het mengsel plakt nogal), verdeel het in 8 porties en maak er bolletjes van.
Voor de dipsaus moet u de suiker en het limoensap mengen, terwijl u blijft roeren tot de suiker is opgelost. Roer er dan de knoflook, gember, pinda's, rode peper en sojasaus door.
Zet apart.
Verhit 1 cm olie in een grote koekenpan op een middelhoog tot hoog vuur, bak dan vier viskoekjes 3 tot 4 minuten aan elke kant tot ze goudbruin zijn. Laat ze uitlekken op keukenpapier en bak ondertussen de andere vier viskoekjes. Serveer met de dipsaus.

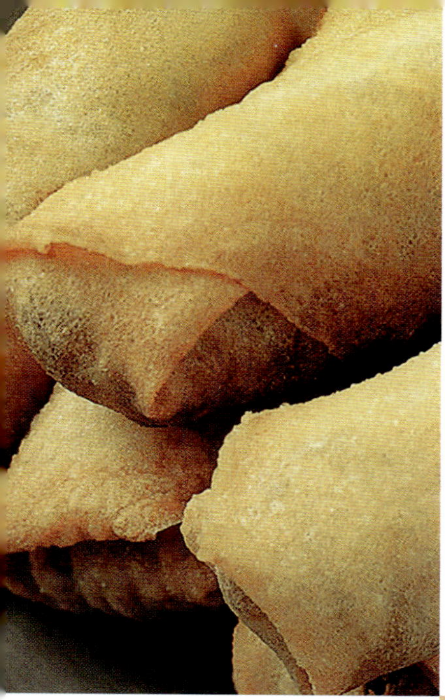

Voor **4 personen**

Voorbereiding 10 min.
Bereiding 1 uur

Calorieën 588
Vet 4,3 g

Loempia's
met varkensvlees

Ingrediënten
24 vellen fillodeeg, elk vel 12½ bij 12½ cm
plantaardige olie om te frituren
zoete chilisaus om te dippen

Varkensvlees- en koriandervulling
2 tl arachide olie
3 rode of gele sjalotjes, fijngesneden
2 tl verse gember, fijngemalen
1 verse rode peper, met zaadjes en gesneden
455 g varkensgehakt
2 el verse koriander, gesneden
2 el ketjap manis

Bereiding
Bereiding van de vulling: verhit de arachideolie in een koekenpan op hoog vuur, voeg de uitjes, gember en peper toe en roerbak alles 2 minuten. Doe het gehakt erbij en roerbak nog eens 4 tot 5 minuten of tot het gehakt bruin is. Roer de koriander en de ketjap manis erdoor en laat 2 minuten doorkoken.
Neem de pan van het vuur en zet apart om af te koelen.
Bereiding van de loempia's: schep 2 eetlepels van de vulling in het midden van een fillodeegvel, pak een punt en vouw die over de vulling heen, vouw dan de zijkanten naar binnen, rol het geheel op en maak dicht met een beetje water.
Verhit de plantaardige olie in een wok of in een grote hapjespan zo heet, dat een stukje brood in 50 seconden bruin wordt. Frituur een paar loempia's per keer 3 tot 4 minuten of tot de loempia's knapperig zijn en een goudbruine kleur hebben. Laat uitlekken op een stuk keukenpapier en serveer met de zoete chilisaus om te dippen.

Voor **4 personen**

Voorbereiding 20 min.
Bereiding 20 min.

Calorieën 188
Vet 1 g

Griekse salade

Ingrediënten

1 stengel citroengras
5 kopjes kippenbouillon
4 el Thaise visolie
1 el basterdsuiker
1 rode peper, zonder zaadjes en gesneden
1 knoflookteentje, gesneden
2½ cm verse gemberwortel, fijngesneden
3 stuks kippenborst, in dunne reepjes
1 wortel, julienne gesneden
1 selderie, gesneden
4 lente-uitjes of sjalotjes, gesneden
1 lente-uitje, julienne ter garnering
sap van 1 limoen
1 el verse koriander
1 el verse munt
1 el verse basilicum, grof gesneden

Bereiding

Haal de buitenste laag van het citroengras, snijd het onderste witte gedeelte fijn en gooi het bovenste deel weg.
Schenk de bouillon en visolie in een soeppan en voeg de suiker, het citroengras, de peper, knoflook en gember toe.
Breng de bouillon aan de kook, draai het gas laag en laat 10 minuten sudderen met een deksel op de pan.
Doe de kippenreepjes bij de bouillon en laat dan nog 5 minuten koken tot de groenten en de kip gaar en zacht zijn.
Roer het limoensap en de kruiden door de bouillon en verhit tot alles warm is. Garneer met het lente-uitje julienne gesneden.

Voor **5 personen**

Voorbereiding 20 min.
plus 2 uur marineren
Bereiding 10 min.

Calorieën 281
Vet 3 g

Roergebakken kip
met citroengras

Ingrediënten

4 stengels citroengras
510 g kippenborst, zonder bot en vel, gesneden in dobbelsteentjes van 2½ cm
1 tl sesamolie
2 el plantaardige olie
½ rode paprika, zonder zaadlijsten en gesneden
2 el geroosterde zoute pinda's, grof gesneden
2 el Thaise visolie
1 tl suiker
zout
2 sjalotjes, gesneden

Tip

Rode paprika en de geroosterde pinda's geven een knapperige structuur aan dit roerbakgerecht uit Vietnam.
De eenvoudige marinade geeft het vlees een lichte citroensmaak.

Bereiding

Haal de buitenste laag van het citroengras en snijd het onderste witte gedeelte fijn, gooi het bovenste harde deel weg. Leg de kip in een schaal, doe het citroengras en de olie erbij en schep goed om zodat de kip geheel bedekt is. Dek de schaal af en laat de kip 2 uur of de gehele nacht in de koelkast marineren.

Verhit een grote wok of een grote koekenpan met dikke bodem, doe dan de plantaardige olie erin. Voeg de kip toe met de marinade en roerbak die 5 minuten of tot de kip wit is geworden.

Doe de paprika, pinda's, visolie en suiker erbij en zout naar smaak. Roerbak nog 5 minuten of tot de kip en de paprika gaar zijn. Strooi er de sjalotjes over vlak voordat u het gerecht serveert.

Voor **4 personen**

Voorbereiding 10 min.
plus 2 uur marineren
Bereiding 15 min.

Calorieën 451
Vet 8 g

Japanse biefstuk
met mierikswortel

Ingrediënten

4 ronde biefstukken (170 g elk), alle vet verwijderd
5 el teriyaki- of sojasaus
5 el olijfolie
¼ kop crème fraiche
4 tl mierikswortelpasta
2 tl arachideolie
7 sjalotjes, fijngesneden
1 sjalotje, julienne gesneden
2 knoflookteentje, gesneden
¼ tl gedroogde pepertjes, gemalen

Tip

De klassieke Britse combinatie van biefstuk en mierikswortel wordt ook vaak gebruikt in de Japanse keuken. Bij dit gerecht wordt het gecombineerd met teriyaki-saus, sjalotjes en pepertjes.

Bereiding

Leg de biefstukken in een platte schaal (niet van metaal). Schenk de teriyaki- of sojasaus en de olie over de biefstukken en keer ze om zodat ze aan beide kanten bedekt zijn. Dek de schaal af en marineer 1 tot 2 uur in de koelkast. Meng de crème fraiche en mierikswortel in een kleine kom, dek de kom af en zet in de koelkast.

Verhit een gietijzeren braadslee op een middelhoog tot hoog vuur. Vet de slee in met de arachideolie, gebruik daarvoor een stuk dubbelgevouwen keukenpapier. Of verhit de olie in een braadpan met dikke bodem. Leg er 2 biefstukken in, zonder de marinade, die u bewaart, en braad 3 minuten aan beide kanten of tot ze gebraden zijn zoals u dat wilt. Haal ze eruit en houd ze warm. Braad vervolgens de andere 2 biefstukken, haal ze eruit en houd ze warm.

Doe fijngesneden sjalotjes, knoflook, peper en de marinade in een steelpan en verwarm. Schep dit over de biefstukken en doe er een toefje mierikswortelpasta bovenop en het julienne gesneden sjalotje. Serveer direct.

Voor **4 personen**

Voorbereiding 15 min.
Bereiding 12 min.

Calorieën 619
Vet 26 g

Roergebakken lam met bami en pepers

Ingrediënten

255 g eierbami
2 el plantaardige olie
510 g lamsschouder,
in dobbelsteentjes van 1 cm gesneden
2 wortels, julienne gesneden
1 rode en 1 gele paprika,
zonder zaadlijsten en julienne gesneden
200 g paksoi, gesneden of
jonge verse spinazie, niet gesneden
200 g taugé
4 lente-uitjes, in reepjes gesneden
4 el oestersaus
1 el donkere sojasaus
2 el heldere honing
geraspte schil en
sap van ½ citroen
zwarte peper

Bereiding

Bereid de bami volgens de aanwijzingen op het pak, giet de bami vervolgens goed af. Verhit ondertussen de olie in een wok of in een grote koekenpan totdat die zeer heet is. Doe het lamsvlees erbij en roerbak het 5 minuten tot het aan alle kanten is dichtgeschroeid. Doe de wortels en paprika's erbij en roerbak 4 minuten of tot de groenten zacht zijn. Voeg de paksoi of spinazie toe, de taugé en lente-uitjes, laat nog 1 minuut doorkoken.
Draai het gas lager, doe dan de uitgelekte bami, oestersaus, sojasaus, honing, citroenschil en sap erbij en zwarte peper naar smaak. Roer alles goed door en roerbak 2 minuten of tot alles heet is en het vlees gaar is.

Voor **4 personen**

Voorbereiding 2 min.
Bereiding 1 uur

Calorieën 327
Vet 4 g

Indiase gehaktballetjes
in tomatensaus

Ingrediënten

510 g lamsgehakt
5 el gewone yoghurt
5 cm verse gemberwortel, fijngesneden
1 groene peper, ontdaan van zaadjes en fijngesneden
3 el koriander, gesneden
2 tl gemalen komijn
2 tl gemalen koriander
zout en zwarte peper
2 el plantaardige olie
1 ui, gesneden
2 knoflookteentjes, gesneden
½ tl koenjit
1 tl garam masala
400 g stukjes tomaten uit blik

Tip

Serveer deze gehaktballen of kofta's alleen als een tussendoortje, of met witte rijst en de pittige tomatensaus als een hoofdgerecht.

Bereiding

Meng het lamsgehakt, 1 eetlepel yoghurt, de gember, peper, 2 theelepels gesneden koriander, de komijn en gemalen koriander door elkaar en voeg zout en zwarte peper naar smaak toe. Kneed het mengsel en rol er 16 gehaktballen van. Verhit de helft van de olie in een grote braadpan en bak de gehaktballen 10 minuten, af en toe omscheppen, tot ze bruin zijn (misschien moet u ze in twee keer bakken).
Laat uitdruipen op keukenpapier en zet aan de kant.
Verhit de overgebleven olie in de pan. Doe de ui en knoflook erin en bak 5 minuten of tot ze zacht zijn, terwijl u af en toe roert. Vermeng de koenjit en de garam masala met 1 eetlepel water. Voeg de rest van de yoghurt erbij, lepel voor lepel, en roer elke keer goed door.
Doe tomaten, gehaktballen en 145 ml water bij het mengsel en breng aan de kook. Dek de pan gedeeltelijk af, draai het vuur lager en laat het geheel sudderen, terwijl u af en toe roert. Strooi de rest van de koriander erover als garnering.

Voor **4 personen**

Voorbereiding 10 min.
Bereiding 45 min.

Calorieën 540
Vet 10 g

Eend met Thaise groene kerrie

Ingrediënten

2 el plantaardige olie
4 el Thaise groene kerriepasta
4 stukken eendenborst, zonder bot en vel, gesneden in stukken van 2½ cm
400 ml kokosmelk
255 g gesneden bamboescheuten in blik, uitgelekt
2 el Thaise visolie
1 tl bruine bastaardsuiker
zout
3 el verse basilicum, gesneden
extra basilicumblaadjes voor de garnering
4 el verse koriander, gesneden

Bereiding

Verhit de olie in een grote braadpan met dikke bodem, voeg de kerriepasta toe en bak die 3 minuten, terwijl u steeds roert, of tot het aroma is vrijgekomen.
Doe de eend erbij, schep om en zorg ervoor dat alle stukken bedekt zijn met de pasta. Bak de eend 4 tot 5 minuten, terwijl u af en toe roert.
Roer kokosmelk, bamboescheuten, visolie en suiker erdoor en zout naar smaak. Breng aan de kook en draai het gas lager. Laat alles 30 tot 35 minuten sudderen zonder deksel tot de eend gaar is. Roer de gesneden basilicum en de koriander erdoor.
Garneer met de basilicumblaadjes.

Voor **4 personen**

Voorbereiding 20 min.
plus 20 min. marineren
Bereiding 10 min.

Calorieën 203
Vet 2 g

Eend met ananas

Ingrediënten

2 stuks eendenborst, zonder bot en elk stuk ongeveer 170 g, vel verwijderd en in repen gesneden
1 tl vijfkruidenpoeder
2 el sojasaus
2 el rijstwijn of droge sherry
1 tl suiker
1 el arachide olie
1 rode paprika, zonder zaadlijst, in dunne reepjes gesneden
5 cm verse gemberwortel, julienne gesneden
2 sjalotjes, het witte en groene gedeelte gescheiden, julienne gesneden
170 g verse ananas, in niet te grote stukken gesneden
ananassap
zout

Bereiding

Doe eend, vijfkruidenpoeder, sojasaus, rijstwijn of sherry en suiker in een niet te diepe schaal (niet van metaal). Schep alles om, dek de schaal af en laat de eend 20 minuten marineren. Verhit de olie in een wok. Haal de eend uit de marinade en bewaar de marinade voor later. Roerbak de eend 2 minuten op hoog vuur. Doe de paprika, gember en het witte deel van de sjalotjes erbij en roerbak nog eens 3 tot 4 minuten, tot de paprika zacht wordt.
Voeg de ananas, het ananassap en de marinade toe. Roerbak alles 1 tot 2 minuten. Maak af op smaak met zout. Strooi het groen van de sjalotjes erover en serveer onmiddellijk.

Tip

Verse ananas trekt in de zachte eendenborst die rijk gemarineerd is met Chinese specerijen. Serveer dit gerecht met gewone mie of met geurige Thaise rijst.

Voor **4 personen**

Voorbereiding 20 min.
plus het marineren.
Bereiding 30 min.

Calorieën 282
Vet 2 g

Varkensfilet met Chinese kruiden

Ingrediënten

2 el zonnebloemolie
2 kleine knoflookteentjes, gesneden
2 el Chinees vijfkruidenpoeder
3 el sojasaus
½ kop droge of medium sherry
2 sjalotjes, fijngesneden
sap van 2 grote sinaasappels en de schil, in dunne reepjes gesneden
zout en zwarte peper
680 g varkensfilet
15 g koude boter, in blokjes gesneden
vers gesnipperde bieslook voor de garnering

Bereiding

Doe olie, knoflook, vijfkruidenpoeder, sojasaus, sherry en sjalotjes in een kom en meng door elkaar. Voeg de helft van de sinaasappelschil en sap toe en breng op smaak. Doe het varkensvlees in een grote kom (niet van metaal), giet er de marinade over, dek af. Of doe het vlees en de marinade in een braadzak, sluit goed af en schud. Zet het vlees 2 tot 24 uur in de koelkast. Verwarm de oven voor op 190 °C (gas op stand 5). Doe het varkensvlees en de marinade in een braadslee, bedek de slee met aluminiumfolie en braad de filets 30 minuten. Haal de folie eraf, draai de filets om en braad ze nog eens 15 minuten. Dek de schaal weer af en laat 10 minuten staan. Of u kunt de varkensfilet 45 minuten laten roosteren in de braadzak; laat dan 10 minuten, in de braadzak, in de oven liggen, terwijl de ovendeur openstaat en het gas is uitgedraaid.
Snijd het vlees. Schenk de jus in een kleine steelpan, doe de rest van het sinaasappelsap erbij en verwarm zachtjes. Voeg de boter toe en doe er eventueel nog wat zout en zwarte peper bij. Serveer de reepjes varkensfilet met de saus erover, garneer met de bieslook en de sinaasappelschil.

Voor **4 personen**

Voorbereiding 10 min.
plus 20 min. in de koelkast
Bereiding 10 min.

Calorieën 290
Vet 3 g

Roergebakken kip
met citroen

Ingrediënten

4 kippenborsten, zonder bot en vel
zout en zwarte peper
1 el lichte sojasaus
2 el olijfolie
sap van 1½ citroen
30 g boter
2 tl maïzena
1 kop kippenbouillon
1 el suiker
grof geraspte schil van ½ citroen
peterselie voor de garnering

Bereiding

Rol de kippenborsten in plastic en sla ze met een deegroller een beetje plat. Haal ze uit het plastic en snijd de kip in dunne diagonale reepjes. Doe de kip in een schaal, breng op smaak met zout en zwarte peper, voeg er dan sojasaus, de helft van de olie en 2 eetlepels citroensap aan toe. Meng alles door elkaar, dek de schaal af en zet 20 minuten in de koelkast.
Verhit de resterende olie met de boter in een koekenpan met een dikke bodem. Voeg de helft van de kippenreepjes toe en braad ze 3 minuten op een hoog vuur, terwijl u roert. Schep de kip op een schaal en braad de andere helft. Schep ook op de schaal.
Bind de maïzena met 1 eetlepel water tot een glad papje. Doe de bouillon met het maïzenapapje in de pan en roer 2 minuten op een hoog vuur of tot de bouillon glad en gebonden is. Roer het resterende citroensap en de suiker erdoor. Doe de kip terug in de pan en verhit 1 tot 2 minuten tot alles kokend heet is. Serveer gegarneerd met de geraspte citroenschil en peterselie.

Tip

De kippenborst is gemarineerd in een pikante combinatie van citroensap en sojasaus en vervolgens roergebakken. Serveer met mie of met wilde en witte rijst.

Voor **4 personen**

Voorbereiding 10 min.
Bereiding 25 min.

Calorieën 114
Vet 1 g

Gebakken kabeljauw
met gember en lente-uitjes

Ingrediënten
Olie om in te vetten
150 g kabeljauwfilet
1 el lichte sojasaus
1 el rijstwijn of mediumdroge sherry
1 tl sesamolie
zout
3 lente-uitjes, gesneden in dunne reepjes van 2½ cm, de witte en groene reepjes gescheiden houden
2½ cm gemberwortel, fijngesneden

Tip
Een van de beste manieren om vis te bereiden is om de vis te bakken in folie zodat die in zijn eigen vocht klaar stooft. Hier geven sesamolie, gember en de lente-uitjes er een Chinese smaak aan.

Bereiding
Verwarm de oven voor op 190 °C (gas op 5). Bekleed een platte ovenschaal met een stuk licht ingevette bakfolie.
Leg de kabeljauw, met zijn huid naar beneden, in de schaal. Schenk de sojasaus, rijstwijn of sherry en olie over de kabeljauw en breng op smaak met zout, strooi dan de witte reepjes lente-ui en de gember erover.
Vouw het folie losjes over de vis en vouw de zijkanten samen dicht. Bak de kabeljauw 20 tot 25 minuten, tot die gaar en zacht is. Vouw het folie open, schep de kabeljauw op een platte schaal en strooi er de groene reepjes lente-ui over als garnering.

Voor **4 personen**

Voorbereiding 10 min.
Bereiding 20 min.

Calorieën 426
Vet 8 g

Pikante Kantonese pijlinktvis

Ingrediënten
500 g pijlinktvis
1 tl gembersap
1 el droge sherry
3 kop water
1 snufje vijfkruidenpoeder
½ tl zout
2 tl gemalen witte peper
plantaardige olie
1 kleine groene paprika

Bereiding

Verwijder de inktviskoppen, ruggengraat en inktzakjes en gooi ze weg. Was de pijlinktvis en leg op keukenpapier te drogen. Snij de tentakels van de inktvis open, leg ze plat en kerf met een scherp mes een ruitpatroon in het vlees aan de binnenkant.

Pers gembersap met een knoflookpers uit stukken gember. Snijd de pijlinktvis in moten van 3 bij 3 cm.

Meng in een kom het gembersap en de sherry door elkaar en laat de inktvismoten hierin 45 minuten marineren.

Breng water aan de kook, giet het in een kom en dompel de inktvis er enkele seconden in onder tot het ruitpatroon bol komt te staan. Laat uitlekken op een schone doek en droog de inktvis goed af.

Frituur de inktvis niet langer dan 20 seconden in plantaardige olie op middelhoog vuur. Laat uitlekken op keukenpapier en bestrooi de inktvis aan alle kanten met zout, peper en het vijfkruidenpoeder. Garneer met de in ringen gesneden groene paprika.

Voor **4 personen**

Voorbereiding 25 min.
Bereiding 25 min.

Calorieën 430
Vet 7 g

Vis en kokoskerrie uit Goa

Ingrediënten
2 tomaten
2 kardemompeultjes, omhulsel verwijderen en de zaadjes bewaren
1 tl gemalen koriander, komijn, kaneel en 1 tl gemalen cayennepeper
½ tl gemalen koenjit
2 el plantaardige olie
1 ui, fijngesneden
1 knoflookteentje, fijngesneden
2½ cm verse gemberwortel, fijngesneden
400 ml kokosmelk uit blik
680 g witte visfilet, bijvoorbeeld schelvis of kabeljauw, in stukken van 2½ cm gesneden
zout
verse koriander voor de garnering

Bereiding
Doe de tomaten in een kom, giet er kokend water over en laat 30 seconden staan. Schil de tomaten en snijd het tomatenvlees in dobbelsteentjes.
Vermaal de kardemomzaadjes met een vijzel en stamper. Voeg koriander, komijn, kaneel, cayennepeper, koenjit en 2 eetlepels water toe en meng alle ingrediënten tot een pasta. Zet aan de kant.
Verhit de olie in een grote braadpan met dikke bodem. Bak ui, knoflook en gember 3 minuten of tot alles zacht is. Voeg de specerijenpasta toe en laat 1 minuut bakken, terwijl u onderwijl voortdurend roert.
Schenk de kokosmelk erbij en breng al roerend aan de kook. Draai het gas lager en laat 10 minuten sudderen of tot het vocht enigszins is ingekookt. Doe de vis en tomaten erbij en breng op smaak met zout. Doe het deksel half op de pan en laat het gerecht, terwijl u af en toe roert, nog eens 10 minuten sudderen of tot de vis niet meer doorschijnend is en gaar is. Garneer met de verse koriander.

Voor **4 personen**

Voorbereiding 5 min.
Bereiding 20 min.

Calorieën 559
Vet 16 g

Japanse miesoep
met verse tonijn

Ingrediënten

500 ml visbouillon
4 el donkere sojasaus
5 el sake of droge sherry
2 el rijst- of wijnazijn
1 el fijne kristalsuiker
2 el sesamolie
225 g verse Chinese mie
4 tonijnbiefstukken, ongeveer 145 g elk, gevild
2 el sesamzaad
verse koriander voor de garnering

Tip

Deze tonijnbiefstuk is dichtgeschroeid aan de buitenkant maar sappig van binnen. U kunt ze wat langer laten bakken als u dat prefereert, maar zorg ervoor dat ze niet te droog worden.

Bereiding

Doe de bouillon, sojasaus, sake of sherry, azijn, suiker en de helft van de olie in een hapjespan. Breng aan de kook en laat 15 minuten doorkoken zonder deksel op de pan of tot de bouillon eenderde is ingedikt.
Bereid ondertussen de mie, volgens de instructies op het pak, tot de mie beetgaar is. Bestrijk de tonijnbiefstuk met de resterende olie en bedek de randen met sesamzaad. Verhit een gietijzeren braadslee of een koekenpan met dikke bodem tot die gloeiend heet is. Doe de tonijn in de pan en bak 2 minuten aan alle kanten of tot de tonijn is dichtgeschroeid.
Schep de mie in soepkommen, schenk er de bouillon overheen en leg de tonijnbiefstuk er bovenop. Garneer het gerecht met de koriander.
Dien onmiddellijk op.

Voor **4 personen**

Voorbereiding 30 min.
Bereiding 4 min.

Calorieën 156
Vet 1¼ g

Szechuan St. Jakobsschelpen

Ingrediënten

1½ el arachideolie
1 el gember, fijngesneden
1 el knoflook, fijngesneden
2 el lente-uitjes, fijngesneden
500 g jakobsschelpen of kammosselen

Saus

1 el rijstwijn of droge sherry
2 tl lichte sojasaus
2 tl donkere sojasaus
2 el chilisaus
2 tl tomatenpuree
1½ tl suiker
½ tl zout
1 tl sesamolie

Bereiding

Verhit de wok op hoog vuur. Doe de olie in de wok en als die gloeiend heet is, voeg dan de gember, knoflook en lente-uitjes toe. Roerbak dit 10 seconden. Doe de schelpen erbij en roerbak 1 minuut.

Doe alle ingrediënten voor de saus erbij behalve de sesamolie. Roerbak 4 minuten tot de schelpen gaar zijn en geheel bedekt zijn met de saus.

Roer de sesamolie erdoor en roerbak nog eens 1 minuut. Dien onmiddellijk op met witte rijst.

Voor **4 personen**

Voorbereiding 20 min.
Bereiding 15 min.

Calorieën 522
Vet 6 g

Pad Thai met varkensvlees en garnalen

Ingrediënten

255 g rijstnoedels
4 el arachideolie
2 knoflookteentjes, gesneden
1 lente-uitje, gesneden
115 g varkensfilet, gesneden in reepjes van 5 mm dik
1 el Thaise visolie
1 tl suiker
sap van ½ limoen
1 el lichte sojasaus
1 el tomatenketchup
225 g verse taugé
115 g gepelde en gekookte garnalen, ontdooid als ze bevroren waren
zwarte peper
55 g geroosterde zoute pinda's, gesneden
1 el verse koriander, gesneden
1 limoen, in vieren gesneden

Bereiding

Bereid de noedels volgens de instructies op het pak. Giet de noedels af en spoel ze even onder de kraan. Verhit een wok, voeg de olie toe. Roerbak de knoflook, lente-uitje en de reepjes varkensvlees drie minuten of tot het vlees een kleur krijgt. Roer de noedels erdoor en meng alles goed door elkaar.
Meng de visolie, suiker, het limoensap,
de sojasaus en ketchup door elkaar, voeg dit mengsel dan bij de noedels, terwijl u goed roert. Roerbak 5 minuten. Voeg de taugé en garnalen toe en roerbak nog eens 5 minuten of tot de taugé zacht is. Breng op smaak met zwarte peper.
Schep het gerecht op een grote schaal. Strooi er de pinda's en koriander over, serveer met de limoenpartjes.

Tip

Wie kan dit gerecht van pikant varkensvlees, limoen en zeevruchten weerstaan? In Thailand komen de aroma's van dit gerecht u tegemoet vanuit de eettentjes die langs de straat staan.

Voor **4 personen**

Voorbereiding 15 min.
Bereiding 30 min.

Calorieën 199
Vet 1 g

Noedels met groenten en oestersaus

Ingrediënten

200 g Chinese eiernoedels
4 gedroogde Chinese paddestoelen
1 el olie
3 knoflookteentjes, gesneden
1 – 2 rode pepertjes, fijngesneden
6 sjalotjes, gesneden
2 takjes bladselderie, gesneden
1 rode paprika, gesneden
115 g kool, zeer fijn gesneden
4 el oestersaus
1 el visolie
1 el bruine suiker
2 tl water
45 g pinda's, fijngehakt

Bereiding

Doe de eiernoodels in een grote braadpan met kokend water en laat de noedels ongeveer 5 minuten koken tot ze gaar zijn. Laat goed uitlekken. Laat de paddestoelen ongeveer 20 minuten in heet water weken, snijd ze dan in dunne plakjes.

Verhit de olie in een wok of koekenpan, doe knoflook en pepertje erbij en bak 1 min.

Voeg alle andere ingrediënten toe behalve de pinda's en de noedels en breng aan de kook. Draai het vuur lager en laat dit mengsel 2 minuten zachtjes koken of tot de groenten gaar zijn maar nog steeds knapperig. Roer de noedels erdoor en verhit 1 minuut.

Als de noedels op de borden liggen, strooit u de pinda's erover.

Voor **4 personen**

Voorbereiding 15 min.
Bereiding 30 min.

Calorieën 439
Vet 13 g

Roergebakken
paddestoelen met noedels

Ingrediënten

15 g droge paddestoelen (eekhoorntjesbrood)
200 gr verse Chinese noedels
2 el zonnebloemolie
4 knoflookteentjes, gesneden
1 rode peper, zonder zaadjes en gesneden
2 tl kant-en-klare gemberpasta of fijngesneden verse gember
455 g gemengde verse paddestoelen, in vieren gesneden of in plakjes
2 lente-uitjes, gesneden
5 el sake of droge sherry
2 el donkere sojasaus
2 tl citroensap
1 el suiker of naar smaak
2 eetlepels verse koriander, gesneden

Bereiding

Bedek de gedroogde paddestoelen met 85 ml kokend water en laat ze 15 minuten weken of tot ze zacht zijn. Laat uitlekken en bewaar het vocht, snijd dan de paddestoelen in plakjes. Bereid ondertussen de noedels volgens de aanwijzingen op het pak tot ze beetgaar zijn, laat ze dan uitlekken. Verhit de olie in een wok of grote koekenpan tot er damp vanaf komt, voeg dan de knoflook, rode peper en gember toe en roerbak 15 seconden of tot geuren van de ingrediënten vrijkomen. Doe de paddestoelen erbij en roerbak 2 minuten of tot ze zacht zijn.
Voeg de lente-uitjes toe, de sake of sherry, sojasaus, citroensap, suiker, koriander, het bewaarde vocht van de paddestoelen en de noedels. Verwarm het gerecht 1 tot 2 minuten totdat het door en door warm is.

Voor **4 personen**

Voorbereiding 20 min.
Bereiding 12 min.

Calorieën 398
Vet 3 g

Noedels met kip en peultjes

Ingrediënten
255 g gedroogde eiernoedels
2 el arachideolie
1 rode of gele paprika, zonder zaadlijsten en gesneden
1 cm verse gemberwortel, fijngesneden
1 knoflookteentje, fijngesneden
2 lente-uitjes, gesneden in stukjes van 2½ cm lang, witte en groene delen gescheiden
2 kippenborsten, zonder bot en vel, in repen gesneden
200 g peultjes
2 el donkere sojasaus
1 el oestersaus

Bereiding
Bereid de noedels volgens de instructies op het pak. Giet de noedels af en spoel ze daarna af met koud water. Verhit een wok, voeg dan de olie toe. Roerbak de paprika, gember, knoflook en het wit van de lente-uitjes 1 minuut. Doe de kip erbij en roerbak 5 minuten of tot de kip wit van kleur is.
Doe de peultjes bij de kip in de wok en roerbak 1 minuut. Voeg de noedels en het groen van de lente-uitjes toe, meng alles goed door elkaar, roer er vervolgens de soja- en oestersaus door. Roerbak het gerecht nog 5 minuten of tot de kip gaar is.

Voor **4 personen**

Voorbereiding 20 min.
Bereiding 35 min.

Calorieën 390
Vet 7 g

Voorjaarsgroenten
in pittige kerrie

Ingrediënten

1 stengel citroengras
2 el plantaardige olie
1 cm verse gemberwortel, gesneden
1 ui, fijngesneden
1 knoflookteentje, fijngesneden
1 tl koenjit
225 g nieuwe aardappels, doormidden gesneden
2 wortels, in dikke plakjes gesneden
400 ml kokosmelk
2 laurierblaadjes
1 rode peper, zonder zaadjes en gesneden
zout
115 g babymaïs
200 g haricots verts
2 courgettes, in plakjes gesneden
2 el verse gesneden koriander voor de garnering

Bereiding

Haal de buitenste laag van het citroengras, snijd vervolgens het onderste witte gedeelte fijn en gooi de rest weg. Verhit de olie in een grote braadpan met dikke bodem, bak dan het citroengras, de gember, ui en knoflook 5 minuten of tot de ui en knoflook zacht zijn.
Roer de koenjit, aardappels en wortels erdoor, voeg vervolgens kokosmelk, laurierblad, peper en zout toe.
Breng aan de kook, draai het gas lager en laat dit mengsel 10 minuten sudderen met het deksel half op de pan, terwijl u af en toe roert.
Doe de harcots verts en maïs erbij en laat nog 10 minuten sudderen met het deksel half op de pan. Voeg de courgettes toe en kook nog 10 minuten. Verwijder de laurierblaadjes. Garneer met de koriander vlak voordat u het gerecht opdient.

Voor **4 personen**

Voorbereiding 10 min.
Bereiding 40 min.

Calorieën 195
Vet 5 g elk

Masoor dhal met gember en koriander

Ingrediënten
200 g gedroogde rode splitlinzen (masoor dhal)
800 ml water
½ tl koenjit
1 el plantaardige olie
1 cm gemberwortel, fijngesneden
1 tl komijnzaadjes
1 tl gemalen koriander
zout en zwarte peper
4 el verse koriander, gesneden
extra korianderblaadjes voor de garnering
½ tl paprikapoeder voor de garnering

Bereiding
Was de linzen en laat ze goed uitlekken, doe ze dan in een steelpan met het water. Breng aan de kook, schep eventueel schuim eraf, roer dan de koenjit erdoor.
Draai het gas lager en doe het deksel half op de pan. Laat 30 tot 35 minuten sudderen, terwijl u af en toe roert, tot het mengsel is ingekookt.
Verhit de olie in een kleine koekenpan, voeg dan de gember en de komijnzaadjes toe en rooster de ingrediënten 30 seconden of tot de zaadjes beginnen te springen.
Roer de gemalen koriander erdoor en rooster 1 minuut.
Giet de linzen af, breng op smaak met zout en zwarte peper, doe er de geroosterde specerijen bij en meng alles goed door elkaar. Garneer met paprikapoeder en korianderblaadjes.

Voor **4 personen**

Voorbereiding 10 min.
Bereiding 15 min.

Calorieën 154
Vet nauwelijks

Groene groenten met sesamzaad

Ingrediënten

2 el sesamzaad
2 el arachideolie
1 knoflookteentje, grof gesneden
2½ cm verse gemberwortel, fijngesneden
145 g broccoli, in kleine roosjes gesneden
2 courgettes, in de lengte doormidden gesneden en dan in dunne plakjes
200 g peultjes
1 el rijstwijn of mediumdroge sherry
1 el donkere sojasaus
1 el oestersaus

Bereiding

Verhit een wok. Doe de sesamzaadjes in de wok en bak ze 2 minuten of tot ze goudbruin zijn, terwijl u de wok geregeld heen en weer schudt. Haal de sesamzaadjes eruit en zet aan de kant.

Doe de olie in de wok, verhit een minuut, voeg dan knoflook en gember toe en roerbak 1 tot 2 minuten boven een middelhoog vuur of tot de ingrediënten zacht zijn. Doe de broccoli erin en roerbak nog eens 2 tot 3 minuten.

Doe de courgettes en peultjes erbij en roerbak 3 minuten. Schenk de rijstwijn erover en laat 1 minuut koken. Voeg de sojasaus en oestersaus toe, roer alles goed door elkaar en roerbak dan nog 2 minuten. Strooi de gebakken sesamzaadjes erover vlak voordat u het gerecht serveert.

Tip

Gebakken sesamzaadjes geven een nootachtige smaak aan dit Chinese gerecht. Het beste is alle groenten helemaal voor te bereiden voordat u met koken begint.

Voor **4 personen**

Voorbereiding 10 min.
plus 10 min. om af te koelen
Bereiding 10 min.

Calorieën 90
Vet 2 g elk

Raita met rode paprika

Ingrediënten

2 rode paprika's
2 tl komijnezaadjes
200 ml yoghurt
2 el verse munt, fijngesneden
zout en zwarte peper
1 tl paprikapoeder voor de garnering

Bereiding

Zet de grill op zijn hoogste stand. Snijd de paprika's in de lengte in vieren, verwijder de zaadlijsten en gril ze, met de schil naar boven, 10 minuten of tot ze geblakerd zijn en blaasjes hebben. Doe ze in een plastic zak en laat ze 10 minuten afkoelen.
Verhit ondertussen een wok en rooster de komijnezaadjes 30 seconden op een hoog vuur, terwijl u voortdurend roert, of tot ze beginnen te springen. Verwijder de schil van de gegrilde paprika's en gooi die weg, snijd vervolgens de paprika's in stukjes.
Roer de paprika door de yoghurt en de komijnezaadjes en munt, breng op smaak met zout en zwarte peper. Schep de raita in een kom en garneer met het paprikapoeder.

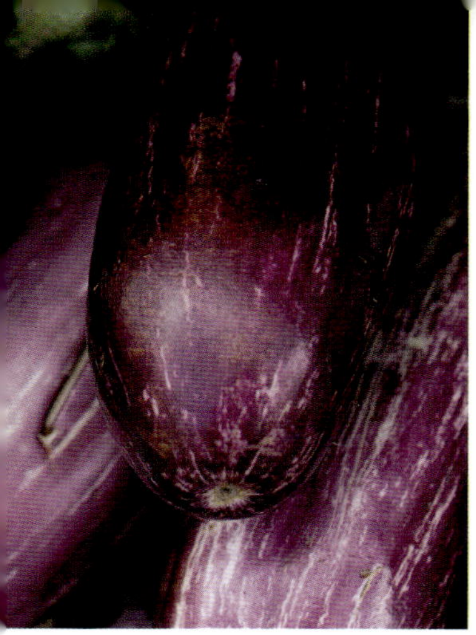

Voor **4 personen**

Voorbereiding 25 min.
Bereiding 30 min.

Calorieën 252
Vet 5 g

Groenten-bhajis

Ingrediënten

10 lente-uitjes, fijngesneden
2 courgettes, geraspt
1 aubergine,
in kleine dobbelsteentjes gesneden
plantaardige olie om te frituren

Beslag

10 g bloem van kikkererwten
55 g gemalen rijst
½ tl bakpoeder
1 tl cayennepeper
1 tl koenjit
1 – 2 el kerriepoeder
(mild of heet al naar gelang uw smaak)
1 tl zout

Bereiding

Voor het beslag: doe alle ingrediënten voor het beslag in een kom, voeg dan heel langzaam een kop water toe terwijl u onderwijl voortdurend roert tot alles is gemengd. Doe de lente-uitjes, courgettes en aubergine in het beslag en roer goed door elkaar. Schenk een laag olie van 2½ cm in een wok en verhit boven middelhoog tot hoog vuur. Controleer of de olie heet genoeg is door er een klein stukje groente in te laten vallen: dat moet sissen. Doe voorzichtig vier ballen van het mengsel (2 eetlepels per bal) in de hete olie en frituur 2 tot 3 minuten tot ze goudbruin zijn. Draai ze om en laat nog 2 tot 3 minuten frituren tot ze knapperig zijn.

Haal de bhajis met een schuimspaan uit de olie en laat uitlekken op keukenpapier. Frituur de resterende bhajis op dezelfde manier.

Voor **4 personen**

Voorbereiding 10 min.
plus 5 min. om af te koelen
Bereiding 15 min.

Calorieën 160
Vet 3 g

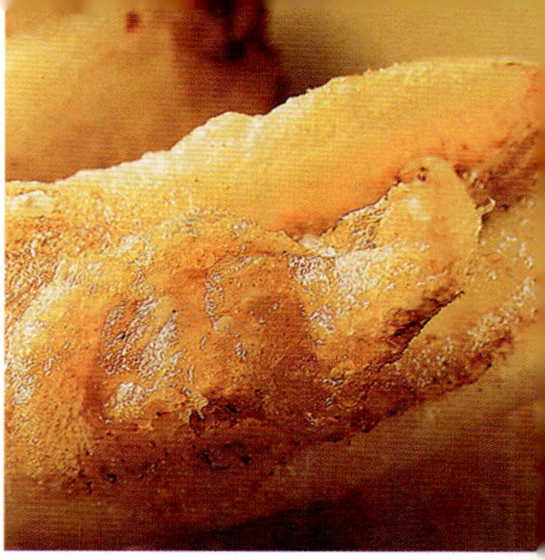

Bananenbeignets
met rum en limoen

Ingrediënten

4 bananen
sap van 1 limoen
1 el donkere rum
olie om te frituren

Beslag

100 g bloem
½ tl bakpoeder
snufje zout
2 el sesamzaad

Bereiding

Schil de bananen en halveer ze eerst overdwars, halveer ze dan in de lengte om vier stukken te krijgen.
Doe de bananen met limoensap, suiker en rum in een diepe schaal (niet van metaal) en meng alles goed door elkaar.
Bedek de schaal en zet 30 minuten apart om te marineren.
Bereid ondertussen het beslag. Doe bloem, bakpoeder en zout in een grote kom. Schenk 145 ml water in de kom en klop tot zich een glad, dik beslag heeft gevormd. Roer het sesamzaad erdoor en zet apart.
Verhit 5 cm olie in een wok of een grote koekenpan tot de olie gloeiend heet is. Dompel de stukken banaan in het beslag. Bak ze 5 minuten of tot ze goudbruin van kleur zijn, draai ze dan om en bak 2 minuten tot de andere kant ook goudbruin is.
Misschien moet u ze in meer dan een keer bakken.
Laat uitlekken op keukenpapier.

Voor **4 personen**

Voorbereiding 10 min.
Bereiding 40 min.

Calorieën 226
Vet 3 g

Vanillecustard uit de oven met granadilla

Ingrediënten

4 grote eieren, losgeklopt
5 el vanillesuiker
145 ml kokosmelk
snufje zout
2 granadilla's of passievruchten

Bereiding

Verwarm de oven op 180 °C (stand van het gas 4). Klop de eieren met suiker, kokosmelk en zout tot het mengsel glad is, schenk dit in vier ovenvaste kommetjes.
Halveer een passievrucht, schep het vruchtvlees en zaadjes eruit en verdeel het over de vier met custard gevulde kommetjes. Zet de kommetjes in een diepe braadslee.
Giet kokend water in de braadslee tot de kommetjes voor ¾ onderstaan. Bak de vanillecustard 40 minuten. Serveer warm of koud met vruchtvlees en de zaadjes van de tweede granadilla er bovenop geschept.

Tip

Dit romige dessert is absoluut verrukkelijk. De exotische vruchten geven een bijzondere zoetheid aan de custard.
U kunt ook mango proberen.

Voor **2 personen**

Voorbereiding 30 min.
plus 20 min. afkoelen
plus 30 min. koud worden
Bereiding 5 min.

Calorieën 136
Vet nauwelijks

Oriëntaalse vruchtensalade

Ingrediënten

2 stengels citroengras
55 g vanillesuiker (kristalfijn)
115 ml water
1 kleine cantaloupe
1 rijpe mango
400 g lychees uit blik, uitgelekt
verse muntblaadjes
voor de garnering

Bereiding

Haal de buitenste laag van het citroengras, snijd het onderste witte deel ervan fijn en gooi de rest weg. Doe citroengras, suiker en water in een steelpan. Laat dit, al roerend, 5 minuten sudderen of tot de suiker is opgelost. Breng het mengsel dan aan de kook. Haal de pan van het vuur en laat 20 minuten staan om af te koelen. Zet daarna 30 minuten in de koelkast.

Halveer de meloen en schrap de zaadjes eruit. Snijd in parten, verwijder dan de schil en snij het vruchtvlees in kleine blokjes. Snijd de twee dikke kanten van de mango vlak naast de pit af. Kerf een ruitpatroon in het vruchtvlees, maar niet in de schil, van beide stukken. Druk de schil binnenstebuiten zodat de ingekerfde blokjes goed zichtbaar zijn en snijd die vervolgens af.

Doe de meloen, mango en lychees in een mooie schaal. Zeef de citroengrassiroop en schenk het over de vruchten. Decoreer met de verse muntblaadjes.

Register